給孩子的趣味中國史

隋·唐

陳麗華 主編　　　蒙陽 繪

中華教育

給孩子的趣味中國史

隋·唐

陳麗華　主編　　　　　蒙陽　繪

責 任 編 輯	馬楚燕	練嘉茹
裝 幀 設 計	綠色人	
排　　　版	陳美連	
印　　　務	劉漢舉	

出版　中華教育

香港北角英皇道 499 號北角工業大廈 1 樓 B
電話：(852)2137 2338 傳真：(852)2713 8202
電子郵件：info@chunghwabook.com.hk
網址：http://www.chunghwabook.com.hk

發行　香港聯合書刊物流有限公司

香港新界荃灣德士古道220-248號荃灣工業中心16樓
電話：(852)2150 2100 傳真：(852)2407 3062
電子郵件：info@suplogistics.com.hk

印刷　美雅印刷製本有限公司

香港觀塘榮業街 6 號海濱工業大廈 4 字樓 A 室

版次　2019 年 9 月第 1 版第 1 次印刷
2021 年 4 月第 1 版第 2 次印刷

©2019 2021 中華教育

規格　16 開 (205mm x 170mm)

ISBN　978-988-8573-90-5

目錄

天下重歸大一統

楊堅建隋

中國歷史上有幾個四分五裂的時期，但是，不管怎樣分裂，總有一個朝代可以將國家再統一起來。

終結南北朝亂世的這個朝代，叫作隋。

南北朝末期主要剩下了北邊的周朝和南邊的陳朝。北周隋國公楊堅，奪走了北周宇文一族的江山，建立了隋朝。

楊堅搖身變成了隋文帝。

隋軍攻破陳朝皇宮後，士兵們在皇宮後花園的枯井裏找到了陳後主。

大隋滅陳

隋朝剛建立的時候，中國還沒有統一，南邊還有陳朝。

陳朝傳至陳後主陳叔寶，國家已衰弱。

隋文帝楊堅建隋後開始攻打南邊的陳朝，並開始清理其他殘餘勢力。

不用再打仗了。

滅陳之戰的大功臣

晉王楊廣
隋文帝次子，消滅陳朝的主力軍統帥

大隋第一名將楊素
隋朝有名的權臣，傑出軍事家

足智多謀的賢相高熲（jiǒng）
為滅陳之戰獻計獻策

盛世計劃

隋文帝在一群能人勇士的幫助下滅掉了陳朝，開皇十年時統一了天下。

隋文帝是一位很有遠見的君主。在他統治下，人們安居樂業，各大糧倉堆滿糧食。

這一時期又被稱為「開皇之治」。

建大興城

修溝渠

均田制

隋朝統一貨幣
五銖錢

頒佈新法律
開皇律

流傳後世的好制度：
三省六部制
一起來看看「三省六部」
如何幫皇帝辦事。

應該統一貨幣。

皇帝

首先要造新貨幣。

這命令沒毛病！

開工吧！

內史省（起草詔書）　門下省（審核）　尚書省（執行）

任務完成。

吏部　兵部　禮部　戶部　刑部　工部

愛打仗的隋煬帝

能者上位

隋文帝次子楊廣有勇有謀、戰功赫赫，而且為人非常「低調」，深得隋文帝的歡心。最終隋文帝廢了長子楊勇的太子之位，改立了楊廣為太子。

楊廣便是隋朝第二任皇帝——隋煬帝。

遷都洛陽

隋煬帝剛即位，頭件大事就是「搬家」。

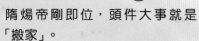

他一聲令下，調用了幾百萬人，建成了雄偉的洛陽城。

隋朝的國都也就搬到了洛陽。

隋煬帝還下令開鑿大運河。這兩件浩大的工程一前一後開工，給隋朝的百姓帶來了非常沉重的負擔。

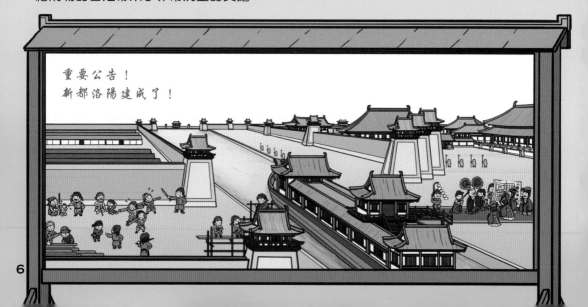

有了愛卿的書，朕又要去旅行了！

陛下走好！

「以天下為家」的皇帝

隋煬帝在位十四年，大部分時間都不在皇宮裏。

隋煬帝手下有一個叫裴矩的大臣，給隋煬帝獻了本《西域圖記》，隋煬帝看後打定了主意要開通中原與西域的交流。

與其他皇帝不同的是，隋煬帝立下的這個「小目標」，是他親自領着浩浩蕩蕩的人馬去完成的。隋煬帝此次西行，讓西域三十多個國家歸服隋朝，隋朝的疆域也得到了擴張。

朕一定要打敗高句麗！

怎麼還打不下來呢？

三征高句麗

隋煬帝不僅喜歡大興土木修建行宮，還喜歡打仗。

隋煬帝認為「高句（gōu）麗（lí）」會成為巨大的威脅，於是找了個理由去攻打他們。

第一年攻打沒成功，第二年隋煬帝又去打，也沒打贏，第三年他還去。

這樣的打法讓老百姓苦不堪言，國內頻頻發生民眾暴亂，國內留守的隋軍不僅無法壓制這些民眾暴亂，有的隋軍將領還跟着造反了。隋煬帝不得不從邊境撤回軍隊，鎮壓國內的動亂。

此時的隋朝大勢已去，無力回天的隋煬帝逃到了江都（今揚州），沉迷酒色，他彷彿已經預感到了自己的帝王生涯將要結束。

溜了溜了，我不玩了！

抗議　下台　暴君

7

群雄四起，瓜分大隋

三大農民起義軍團

隋煬帝常年征戰，不顧民生疾苦。隋朝末年爆發了大規模的起義。

暴亂的百姓很快形成了三支強大的起義軍——瓦崗軍、竇建德軍以及杜伏威軍。起義軍幾乎毀掉了隋朝的基業。

隋末不僅內有暴亂，周邊國家也準備趁亂攻打隋朝。

現在中原大亂，我們可以趁火打劫！

杜伏威軍
杜伏威縱橫江淮地區。微弱星火可以燎原。

竇建德軍
實力強大的「第二隊」農民軍團，稱雄河北一帶。

瓦崗軍
河南有個瓦崗寨，寨裏有眾多英雄好漢！領導他們的是一個叫李密的人。

江都

皇親貴戚也反了

底層百姓造反大多是因為受了壓迫，但誰能想到生活條件很好的皇親貴冑也要造反。

楊玄感是隋朝權臣楊素的兒子，在隋煬帝第二次攻打高句麗時，楊玄感造反了，此事雖以失敗告終，但它加快了隋朝的衰亡。

隋朝唐國公李淵起兵反隋，號稱「唐軍」。唐軍佔領長安城後，立了新君，尊隋煬帝為太上皇。

長安

宇文化及是隋煬帝的親信，卻命人將隋煬帝勒死在了江都，並改立隋煬帝的姪子為帝。可隋煬帝一死，天下大亂，宇文化及勢力太弱，只好放棄了新皇帝自己逃跑了。

宇文化及

王世充本是受命鎮守洛陽城的將軍，隋煬帝的死訊傳開後，他佔領了洛陽城，並在隋煬帝的孫子中挑了一人立為皇帝，然後開始招兵買馬，準備幹一番大事。

洛陽

國家又陷入了戰爭中。

不一般的大運河

京杭大運河

舉世聞名的京杭大運河，起點在北京，南達杭州，是世界上開鑿時間最早、長度最長的一條人工運河。

開始挖河道

最早開挖運河的人，並不是被稱作暴君的隋煬帝。相傳，在兩千多年前，吳國的君王夫差，為了軍事作戰而命兵將挖了一段河渠，其他國家相繼效仿。到了隋朝，隋煬帝下令將這些零散的河渠連接起來。隋朝及唐朝完成的「隋唐大運河」是京杭大運河的前身。

功在千秋的大運河
隋朝修建大運河共征調了三百多萬人，歷時六年才完工。雖然耗費了大量人力物力，但是運河的建成使得交通更便利，也改善了運河兩岸人們的生活。

大運河使得南北貿易更方便，絲綢、香料等商品流通更廣泛。

隋煬帝在位期間多次遊江南，每次都聲勢浩大、勞民傷財。

建龍舟巡幸江南

11

短暫王朝的偉大科技

隋朝雖然時間短暫，在歷史的長河裏如曇花一現，但它卻是個承前啟後的朝代。在這短暫的三十餘年裏，隋朝不僅統一了分裂已久的天下，科學技術也達到了空前的高度。

普通的拱橋

這樣的設計好像不行！

我有一個更好的設計！

李春

趙州橋設計圖　　設計者：李春

屹立千年的趙州橋

趙州橋是中國第一石拱橋，由著名的匠人李春設計建造。一千四百餘年過去，趙州橋依然巍然挺立。

趙州橋的設計獨特又大膽，歐洲幾百年後才建有類似的橋。趙州橋的設計可稱得上是當時的頂尖設計。

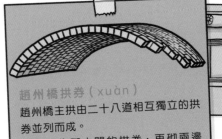

趙州橋拱券（xuàn）
趙州橋主拱由二十八道相互獨立的拱券並列而成。
建橋時先砌中間的拱券，再砌兩邊的，每道拱券寬約三十五厘米。

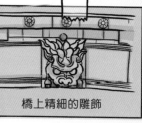

橋上精細的雕飾

彩色紙張
隋朝造出了各種彩色紙張。

真是個有用的好東西！

這是啥呀？！

皇極曆

另一些不容忽視的科技
一些隱藏在日常生活裏的科技往往被忽視，卻是生活中不可或缺的。

《皇極曆》
劉焯制定的《皇極曆》是當時最先進的曆法，但是卻不被皇帝和朝廷認可，只能在民間流傳。

白瓷圍棋盤
縱橫均十九道線的白瓷圍棋盤已與現今的棋盤無異，說明我國在隋朝時期就已經出現了很高水準的圍棋文化。

《諸病源候論》
《諸病源候論》是中國第一部分析病症本因的著作。比如書中將感冒分為了「會傳染的」和「不會傳染的」兩種。

威武宏大的五牙艦
隋朝為了滅南陳，在巴東郡建造了一艘五牙艦，可承載士兵八百餘人。
隋軍憑藉五牙艦上的拍桿擊破、擊沉敵船，為統一南北掃清障礙。

親兄弟之間的爭鬥

李淵（唐高祖）
王世充
竇建德

文治武功論英雄

李淵率領的唐軍攻佔長安，並佔領了關中地區，穩坐了半壁江山，幾年時間便平定了戰亂，完成了統一。

唐朝開始了。

隋朝末期，幾大軍團爭搶大隋江山。最終，由李淵率領的唐軍取得了勝利。

唐高祖也被繼承人的事兒鬧得頭疼。

唐朝迅速消滅敵對勢力，唐高祖的兩個兒子——太子李建成和秦王李世民功不可沒。兄弟二人都想當皇帝，於是開始了各種爭鬥。

王珪

李建成

李元吉

魏徵的話不可信。

魏徵

太子李建成聽信了小人之言，疏遠了魏徵等忠義之士，走偏了方向。

太子李建成有治世之才，文官大多支持太子。

14

走開，走開，別打擾我！

【清】褚人獲

李元霸

宇文成都

羅成

秦王李世民深得手下人擁護。如大將尉遲恭，他曾拒絕了太子李建成的拉攏。

秦王李世民戰功赫赫，唐朝的大半天下是他打下來的，他深得人心。

程知節

李世民

秦瓊

他們是傳說中的人物

這個時期各大英雄人物閃亮登場，但很多我們所熟悉的英雄只是褚人獲寫的小說《隋唐演義》裏編造的人物。

大將尉遲恭和秦瓊，是後世流傳較廣的門神形象。

政變因發生在皇宮的玄武門被稱為「玄武門之變」。

玄武門之變

李世民謀劃了一場政變，殺死了李建成、李元吉。

李建成死後，李淵將帝位傳給了李世民。一代明君唐太宗「上線了」。

15

唐太宗與貞觀之治

您不能隨便摘花。

明君的「行事作風」
唐太宗李世民任人唯賢，身邊有許多名垂千古的賢臣良將。

唐太宗鼓勵群臣諫言他的過失，糾正他的錯誤。

降服東突厥。

軍事上，唐太宗派李靖對陣東突厥，俘虜東突厥王頡利可汗，穩定了邊疆。

弘文館聚書二十餘萬卷，是國家藏書的地方。唐太宗常與文學之士在弘文館談論典籍。

唐朝學習了隋朝的好制度，比如三省六部制和科舉制，國家開始走上陽光大道。

唐朝大力發展文化建設，為後期文化的興盛打下了堅實基礎。

唐初四大書法家

歐陽詢　虞世南　褚遂良　薛稷

有來有往的對外交流

當一個國家富裕又強大時，周邊的「鄰居」會很好奇這個國家發生了甚麼。

開元通寶

開元通寶是唐朝使用時間最長、流通很廣的錢幣，由唐高祖下令鑄造。

各國使臣來到長安城，拜見唐太宗，並尊唐太宗為「天可汗」。

犬上三田耜（sì）
第一位日本遣唐使。

唐朝時期，日本前後十幾次派使臣入唐學習，他們有個響亮的稱號——遣唐使。

文成公主的陪嫁人員中包括了很多能工巧匠，實現了文化傳播。

唐朝還有一個叫作「吐蕃」的鄰居。唐太宗為了友好安邦，將文成公主嫁給了吐蕃君王松贊干布。

文成公主入藏

彩勝興盛

立春日，人們剪紙或綢做成旛（fān），將其戴在頭上或繫在花下祈福。

遊歷印度等數十個國家後返回長安的唐玄奘，為中國佛教做出了巨大貢獻。

我說你寫。

唐玄奘

辯機（唐玄奘的徒弟）

千年前的國際大都市

世界級的大都市

唐朝的國都——長安城，它像個「超級大棋盤」。長安城的前身是隋朝的大興城，由宇文愷設計督造而成。

長安城裏兩個較大的「城中城」——東市、西市，是人們進行商品交易的地方。

官方要求「家裏蹲」

唐朝實行「里坊制」。人們生活在一道道圍牆圍起來的「坊」中。

宇文愷

西市

西市是柴米油鹽醬醋茶樣樣俱全的「百貨市場」，還有來自外國的朋友開的「特色雜貨店」。

西市也是「絲綢之路」的起始之處。

宵禁與報時

「宵禁」規定入夜後坊和市上鎖關門，人們必須在大門關閉前回到家中。

人們不能在宵禁後「走街串巷」，否則被巡邏的士兵看到，就會被當成壞蛋抓起來。

宵禁了還在大街上，通通抓走！

真倒霉！

關坊門啦！

還好趕回來了！

我朋友還在門外！

街鼓制

唐朝時，全國統一推行的「街鼓制度」，即通過敲鼓為整個城市和周圍村莊的人報知準確的時間。

東市附近聚集了很多達官貴人，因此賣的東西較昂貴。

東市

里坊外的街道上不允許擺攤賣東西。

19

在大唐安個家

多年奮鬥，一房難求

唐朝房、地出售，有「先己親鄰買賣」的規定，意思就是如果想要賣掉自己的房屋或者轉讓土地，親戚和鄰居有優先購買權。

長安城的房價很高，租房成為外地入京人士的首選，一些官員也只能租房子。

多佔一畝要挨打

在唐朝，有錢也不能隨便買大房子。

唐朝執行嚴格的等級制度，有着「三口之家一畝地」的標準，多佔土地是要挨板子的。當然，權貴聚集的長安和洛陽兩城，這條法令就不適用了。

但是住房規格還是要受等級的限制。

雕樑畫棟的宅院輕易住不得，唐朝老百姓就努力把院子修得舒適。

宰相府的朱紅大門再好看，平民百姓也不得效仿。

椅子的出現

唐朝初期人們多為席地而坐，分餐而食。

胡牀傳入後，垂足而坐的習慣開始萌芽。

能工巧匠們做出了早期的椅子。

唐後期，人們普遍垂足而坐，同桌用餐。

唐朝征收過「房產稅」——間架稅。百姓即使買了房子，每年還得像交房租一樣交間架稅。

正堂是最重要的起居待客之地。

唐朝民居是典型的「回」字形四合院。

上面是茅廁下面是豬圈的「連茅圈」已有兩三千年的歷史。唐朝也有不少這樣的「連茅圈」。

女皇的榮光

女皇是這樣「煉」成的

縱觀中國歷史，所有掌過大權的女子中，只有一位真正擁有了皇帝的尊號，她就是武則天。

武則天是唐太宗的妃子，後來成為太宗之子唐高宗李治的皇后。

武則天的「奮鬥史」

武則天因馴馬手段殘酷，不被唐太宗喜歡。

今後由我保護你。

武則天在唐太宗病榻前找到了新的靠山——唐高宗李治。

武則天智鬥后妃，成為唐高宗的皇后。

當上皇后的武則天不僅沒有安於「享樂」，反而更加忙碌了。

唐高宗時常頭痛，顧不上朝政。而武則天「業務能力」很強，唐高宗很依賴她，讓她幫忙處理政務。武則天的權力也越來越大，她這位「幕後幫手」終於走上了朝堂，同唐高宗一起受眾臣朝拜。史稱「二聖臨朝」。

唐高宗死後，武則天廢了兩個兒子，改「唐」為「周」，遷都洛陽，並在富麗堂皇的明堂登基為帝。武則天統治時期又稱「武周時期」。

這時的武則天，已經六十七歲了。

獨特的唐朝木建築已達到很高的建築水平。

武則天上任後大力打壓氏族權貴，給了平民百姓更公平的入仕之路。

但武則天任用酷吏清除異己也讓她備受爭議。

真是人在家中坐，鍋從天上來……

打中誰我就誣陷誰。

狄仁傑

喜歡誣陷好人的酷吏來俊臣，連宰相狄仁傑都不放過。

姪子雖然姓武，可不是自己生的啊！

兒子是親生的，但是姓李呀！

李顯

武承嗣

皇位該傳給自己的姪子還是自己的兒子？這個問題一直困擾着武則天。

機智地躲過了酷吏之禍的宰相狄仁傑站了出來，勸說武則天立了兒子為太子，保住了大唐江山。

陛下，立武姓為太子亦可，但臣還沒有聽說過有姪子會祭祀姑姑的，還請陛下三思！

您說的是呀！

陛下，反臣已被誅殺，請陛下讓位給太子！

武則天晚年病重，信任寵臣勝過自己的兒子。有個叫張柬之的大臣發動政變，以武力逼武則天退位，史稱「神龍政變」，武則天的統治就此結束。

23

萬國來朝的盛世

唐玄宗李隆基來了

唐玄宗李隆基在位四十五年，是唐朝在位時間最長的皇帝。他統治的時期唐朝達到了鼎盛，被後世稱為「開元盛世」。

嘿嘿，謝謝老爹！

兒子，大唐江山交給你了。

唐睿宗李旦讓位給兒子李隆基。

煙花般絢爛的開元盛世

朝政清明，百姓豐衣足食。

唐玄宗的統治離不開他的諸多宰相，姚崇、宋璟、張九齡等都是公正廉明的棟樑之材。

開元時期邊疆穩固，各民族團結和睦。

唐玄宗廢除舊兵制，實行僱傭兵制度，並設置節度使管理邊疆軍隊，維護疆域穩定。

朕派你去地方擔任節度使！

謝陛下！

 軍事

政治

唐代統計人口，分配土地，安置流民，使百姓能夠安居樂業。

外交

唐玄宗重視外交，各國爭相遣使入唐學習。

唐朝設有專門接待外國使節和來賓的機構，鼓勵對外貿易，接受外國留學生，尊重在唐定居的外國人。

唐朝盛行在牆上寫詩，後來又改為將詩寫在木板上，再掛到牆上。

開元時期，唐朝文化繁榮。

玄宗時期科舉考試中增添了詩歌的考核，促進了唐朝詩歌的繁榮。

唐朝對文化的重視，也成了書法、繪畫、音樂等藝術能夠全面發展的「基石」。《霓裳羽衣舞》是唐朝音樂舞蹈的典型。

科技

文化

唐玄宗的寵妃楊貴妃正在演繹妙曼絕倫的《霓裳羽衣舞》。

唐朝科技達人也層出不窮。

唐朝人發明了雕版印刷，後世雖然出現了活字印刷術，但是普遍使用的仍然是雕版印刷術。

唐朝建築不僅影響了後世各朝的建築形式，日本等周邊國家的建築也深受唐朝建築影響。

日本唐招提寺由唐朝高僧鑒真主持修建，這座具有中國盛唐建築風格的建築物被定為日本國寶。

當一回大唐的「公務員」

三條大路通官場

唐朝時期，當官仍是最理想的人生選擇。在唐朝，謀得官職的方法主要有三種：

① 有個當大官的爹（又叫「門蔭入仕」）。

② 參加科舉考試。

③ 從跑腿打雜的小吏晉升為官。

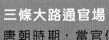

我爹可是宰相，我當官妥妥的。

放榜啦！

終於考上了！終於考上了！

表現不錯，明年給你轉正。

多謝您提攜！

這三條大路，科舉是人數最多的。

但科舉考試有條規定：商人之子沒有考試資格。

你以為我樂意當富二代呀！

不過當一個人名氣大到能傳到皇帝耳朵裏，他能不能做官，就成了皇帝一句話的事。

李翰林，陛下召見你！

好羨慕呀！

大詩人李白就沒參加科舉考試，但是他還是當上了官。

公務員的那些事兒

唐朝的官員待遇還是不錯的。他們的基本工資由三個部分組成：

1. 糧食　2. 月錢和日用品　3. 土地

除此之外，還有一些別的待遇。

> 收地租啦！乖乖交東西！

> 天皇、天后殿下……啊，不對是陛下……

傳說中的「萬戶侯」就是「超級大地主」。

「不願退休」的代表：書法家柳公權

> 假期＝辭官

> 別亂想啦來，喝酒！

在唐朝，上十天班才能休息一天。請假也不能請多了，否則會把飯碗「請沒了」！

即使是這樣的工作強度，還是有不少官員到七十歲高齡還不退休。

> 防火防盜防御史！

御史

> 那邊那麼腐敗，吃吃喝喝，明天參一本！

當了官，並不能「無法無天」。唐朝有個機構叫作「御史台」。御史的工作是向皇帝「打小報告」，官吏的大事小事都會被御史告到皇帝那兒去。

升官了，少不了要請客。賓朋滿座的宴會上，不僅有花樣繁多的美食，還有各種娛樂活動。

27

吃穿講究的大唐人

唐朝的潮流
現在我們說的「唐裝」，其實是清朝滿族風格的服裝，唐朝人並沒見過。

我是大官，能穿紫袍。

❶ 最常見的唐朝普通男子的衣服是白色的袍子，很容易將其與官員的服飾區分開來。唐朝嚴禁平民隨意穿着大紅大紫的衣服。

好羨慕呀！

❷ 地位不高的商人只能穿黑灰色衣服。

盛唐時期禮服推測。

❼ 唐朝人結婚，新娘子沒有大紅蓋頭。唐朝也沒有「鳳冠霞帔」。

就要這個範兒！

❻ 比起昂貴的衣服，真正引領潮流的還是「混搭」的胡服。

不可辜負的美食
唐朝人的早餐通常是蒸餅、煎餅、燒餅、胡餅……

胡餅太乾嗆到了，快喝點水！

早知道，吃蒸餅就好了！

❶ 如果覺得燒餅太乾了不好吃，可以來一碗湯餅。唐朝人過生日時湯餅是少不了的。

阿娘做的湯餅真好吃！

湯餅不是餅，而是麵片湯。

28

唐朝不同時期女性服飾

武則天時期，唐朝人已經能繡製較複雜的「雙面繡」。

❸ 唐朝女性不僅服裝有個性，還喜歡明豔的妝容，唯恐自己在人群中不夠「閃亮」。

花鈿（diàn），蛾眉，點絳唇，還有個性十足的髮型，這樣的美想不特別都難。

貼花鈿

❹ 唐中宗的女兒安樂公主有一件神奇的百鳥裙，是用鳥的羽毛製成的。這裙子的獨特之處在於從不同角度看時，會「變顏色」。

我輸了，你的顏色更豐富。

小朋友，別鬧！

❺ 唐朝兒童服裝也很新潮。

菠菜、開心果是在唐朝被引入的。

❷ 想吃小炒牛肉？真是不好意思，唐朝不但沒有「炒」這種烹飪技術，而且殺牛吃牛是犯法的！

唐朝食物的烹製方式主要是煮、蒸和烤。而且很多現在常吃的蔬菜，比如土豆、青椒，唐朝都沒有。

胡餅

蒸餅

❸ 唐朝也有酒。普通的糧食酒是綠色的（也叫「濁酒」），經加工，其顏色接近琥珀色，酒也更好了。

廣受歡迎的還是葡萄酒。武則天時期，普通百姓也能喝到美味的葡萄酒了。

娛樂生活不可少

街市知多少

東西兩個市場到中午才開大門，不住在市場附近的人，想逛街得早點出發。

出行常用的交通工具是馬和馬車。

銅錢

絹帛　　黃金

買東西自然是要付錢的，打個醬油，買點米，一串銅錢足矣。稍微貴些的東西，兩三匹絹帛也夠了，如果買房子，請準備黃金。至於銀子——很遺憾，銀子在唐朝不能用來付賬。

在集市裏可以買到很多東西，也有不少店名古怪的店鋪，比如「墳典行」——大書店。

娛樂生活真熱鬧

唐朝雖然沒有電視、手機，但是唐朝人的娛樂活動並不少。比如：打馬球、蹴鞠、鬥蛐蛐、下棋等。

打馬球在唐朝備受歡迎，不僅貴族子弟喜好打馬球，平民也熱衷於這項運動。

讀甚麼書，把雞養好了也能當大官！

唐玄宗時期，鬥雞之風盛行。很多人憑藉訓練鬥雞而獲得官職，因而民間有歌謠傳唱：「生兒不用識文字，鬥雞走馬勝讀書。」

長安城裏景點也不少，比如備受百姓喜愛的「慈恩寺」。

當年出國取經的唐玄奘回國以後，擔任了慈恩寺的住持。

慈恩寺中赫赫有名的大雁塔是由玄奘法師主持修建的。到了唐中後期，考中進士後到大雁塔題詩留名成為文人墨客的夢想。

慈恩寺雖然是佛寺，但是這裏經常舉行各種活動，不僅有高僧傳道講經，還有各種戲劇、雜技班子的表演。

若趕上節日，就更熱鬧了。上元節（元宵節）的時候，舉國歡慶三日，宵禁取消，人們晚上可以出門逛燈會、賞花燈。

大雁塔

繁榮的胡樂
唐朝時外來的音樂統稱「胡樂」

安史之亂大爆發

乾娘好！

商人出身的大將安祿山

唐朝有一個中年大將請求做唐玄宗的寵妃
楊貴妃（楊玉環）的乾兒子，這個人就是
胡人將軍安祿山。

真的嗎？朕不
這麼認為。

陛下，安祿
山他……

安祿山很會討唐玄宗開
心，他的權勢越來越
大。很多人都對唐玄宗
說安祿山想要造反，可
唐玄宗不信。

直到安祿山真的起兵造
反了唐玄宗才相信。

反叛大唐！

盛世的終結

安祿山和他的屬下史思明率領的安史大軍即
將兵臨長安城，唐玄宗借口御駕親征，帶着
楊貴妃、宰相楊國忠等逃出了長安。不久之
後長安城淪陷。

唐玄宗等人路經馬嵬（wéi）坡這個
地方時，隨行的禁軍暴動，殺死楊
國忠，逼迫唐玄宗處死了楊貴妃。

唐玄宗的兒子唐肅宗李亨在眾人簇擁下即位，尊立唐玄宗為太上皇。

安史之亂時唐軍名將：

郭子儀　　哥舒翰　　張巡

這個軍派遣到這兒……這個派到這兒……這個嘛，放到這裏……

唐肅宗重用郭子儀等名將，他們死守重要城池，收復了被攻陷的都城長安和東都洛陽，大唐這才沒有滅亡。

安史之亂雖未推翻大唐王朝，卻也讓唐朝盛世不再。

守住睢陽城！

都給我上，拿下睢陽城！

兄弟們，堅持住！

唐軍與安史大軍交戰於睢（suī）陽，史稱「睢陽之戰」。大將張巡率領不足萬人的兵馬浴血奮戰，堅守了十個月，消滅敵軍十五萬，保障了唐軍補給，支援了各方將領。

大唐開啟「自救模式」

「國中國」的藩鎮集團

安史之亂後，唐朝猶如生了「大病」，還落下了「病根」。這病根叫作「藩鎮」，時不時會發作一下，表現出的症狀就是「造反」。

藩鎮割據困擾着大唐的後半生。

藩鎮為甚麼這麼牛氣呢？因為藩鎮是手握兵權的節度使的地盤，可以不受皇帝的管制。

唐德宗時期出現了節度使建國稱帝的情況。

稱

藩鎮

朱泚

河朔三鎮節度使名義上歸順朝廷，但是朝廷稍不順他們的意，他們就要造反。

河朔三鎮

粮

嘿嘿！趁亂撈一筆！

要倒了！要倒了！

加油呀！撐住呀！

唐德宗李適

改革派

河朔三鎮

最令朝廷頭疼的當屬河朔三鎮的節度使們。唐德宗李適（kuò）以及王叔文、柳宗元等大臣推行的改革都沒能鎮壓住藩鎮。

一些大權在握的節度使自立為王，對抗朝廷。

涇原兵變

唐德宗討伐反叛的節度使時，向涇原地區請求支援，不曾想涇原軍隊因軍餉不足造反了，攻進了長安。唐德宗帶着家眷倉皇逃跑。

唐憲宗時期，猖狂的節度使李師道策劃了一場謀殺，致使宰相武元衡被殺，大臣裴度受傷。面對如此兇狂的藩鎮節度使，朝廷更加堅定了鎮壓藩鎮的決心。

藩鎮不要太放肆了！

遲早解決這些藩鎮！

元和中興
人稱「削藩小能手」的唐憲宗李純，在大臣們的支持下打擊藩鎮，成效顯著，史稱「元和中興」。

宦官時代又來了

宦官掌權

自古以來，君主身邊總有一群特殊的人，叫作「宦官」，俗稱「太監」。唐朝前期幾乎沒有宦官「鬧事」的機會。到了唐中後期，宦官又有了權力。

大宦官李輔國深得唐肅宗信賴，大權在握的他，不僅驅逐朝中賢明之臣，還企圖成為宦官宰相，左右朝政。

> 宦官就是我的兄弟！

唐德宗後期，皇帝不再信任大臣，而是信任宦官，甚至將兵權交給了宦官。

牛李黨爭

唐中後期，不僅藩鎮造反、宦官干政，朝中大臣們也鬧騰不休。以牛僧孺為首的「牛黨」和以李德裕為首的「李黨」進行了長達四十年的爭鬥。

白居易與元稹為至交好友，但是白居易為「牛黨」，而元稹為「李黨」。

> 你要小心喲，我們這次要對你們動手了！

> 收到了！兄弟謝謝了！

元稹　李德裕　牛僧孺　白居易

幾百年沒牛氣過的宦官又掌握了大權。唐中後期出現了皇帝輪流做的情況。

甘露之變

不甘忍受宦官威脅的皇帝和大臣站到了一起。唐文宗李昂以觀露為名，與大臣鄭注、李訓密謀在禁衛軍後院誅殺當時掌權的大宦官仇士良等人，無奈計劃失敗。

甘露之變失敗，宦官的地位達到了頂峰，後期的皇帝再也不敢與宦官相抗衡。從此開啟了自漢朝之後的又一次「太監時代」。
直到唐末期，大權在握的節度使朱溫斬殺了大批宦官。宦官之禍才得以平息。

黃巢起義

到了唐朝末年，轟轟烈烈的農民起義開始了。有個叫黃巢的人，沒考上「公務員」，乾脆就揭竿起義，給大唐的終結添了一份力。

再見了，盛世大唐

拆燒長安城

唐朝諸多節度使中，兵力強大的朱溫挾持了唐昭宗李曄，並下令拆了長安城中的宮殿、民屋，還放火燒了長安，迫使百姓遷往新的都城。

千年古都長安經此毀壞，隨着唐朝的滅亡而元氣大傷，在之後漫長的歷史長河裏，再沒有其他王朝以長安為國都。

廢立唐帝

唐昭宗先是被朝臣囚禁，後又被宦官軟禁，成了一個「傀儡皇帝」。

當時宰相崔胤（yìn）聯合兵力強大的節度使朱溫，從宦官手裏救出了被囚禁的唐昭宗。

唐昭宗對朱溫很是感激，也對朱溫信任有加。從此再沒有人能與朱溫抗衡，朱溫徹底掌控了唐朝皇室。

後來發生的遷都、拆燒長安，是朱溫野心的顯露。

最終，朱溫殺了唐昭宗，立新帝唐哀帝，為取代李唐天下做好了準備工作。

大唐的終結

唐哀帝即位不久，朱溫便威逼哀帝禪位，正式即皇帝位，國號梁，史稱「後梁」，將開封府（今河南開封）定為國都。

你能稱帝，
我們也能！

稱帝

稱帝

稱帝

唐被後梁取代，蠢蠢欲動的節度使們也紛紛自立為帝，持續了近三百年的大唐王朝由此結束，混亂的五代十國拉開了序幕。

39

喝茶才夠潮

這是一種藥，可以治病喲。

話說「吃」茶那些事

茶文化起源於中國，據說能追溯到神農時代。最初，茶是治病的一味藥，而不是飲品。

全民飲茶的風潮是從唐朝開始的。在唐前期，只有部分地區的人民有飲茶習慣，到了安史之亂以後，飲茶不僅是人們日常生活中不可少的「調味劑」，也成了唐朝人的潮流風尚。

有一個叫陸羽的人，他寫了一本《茶經》，向大家推薦他的飲茶方法。《茶經》紅遍全國，陸羽也成了「茶聖」。

《茶經》裏從煎茶工具到用水，都很有講究。

茶葉的生產製作過程

7. 最終成品——茶餅

6. 封茶

2. 唐代蒸青

1. 採茶

5. 烘焙

3. 搗茶

4. 壓模

唐朝盛行的「煎茶」，是最早的喝茶方式。
除了茶葉，他們還會在茶「鍋」裏加入
蔥、薑、蒜末等佐料，把茶做成「粥」。

唐朝人不說「喝茶」，他們稱飲茶為「吃茶」。

茶文化

茶文化的形成離不開文人墨客的幫助。

《全唐詩》中與茶相關的詩就有四百多
首，為茶文化奠定了文化基礎。

僧人是茶飲普及最早的一
個群體，他們講經傳道的
法會上少不了茶的身影。
相傳，茶聖陸羽就是在寺
廟裏寫出了《茶經》。

日本的抹茶已經成
了一種「口味」。

中國是茶樹的原
產地。許多國家
和地區的人都愛
品茶，各國的茶
文化各有特色。

茶馬古道

隨着唐朝貿易的發展
興盛，中國的茶從絲
綢之路傳到了周邊國
家。後來又逐漸形成
了「茶馬古道」。

在英國，各
階級的人都
喜愛喝茶。

流芳百世的詩歌與詩人

唐朝是詩歌的全盛時代，唐詩也有很多成為傳頌千年的不朽篇章。

清朝人孫洙從浩如星辰的詩歌中選取了三百餘首，匯編成了後來家喻戶曉的《唐詩三百首》。

「大李杜」

李白　　杜甫

鵝鵝鵝，曲項向天歌。
——駱賓王《詠鵝》

春眠不覺曉，
處處聞啼鳥。
——孟浩然《春曉》

空山新雨後，天氣晚來秋。
——王維《山居秋暝》

飛流直下三千尺，疑是銀河落九天。
——李白《望廬山瀑布》

會當凌絕頂，一覽眾山小。
——杜甫《望嶽》

慈恩塔下題名處，
十七人中最少年。

春蠶到死絲方盡，
蠟炬成灰淚始乾。

清明時節雨紛紛
路上行人欲斷魂。

李商隱　杜牧

「小李杜」

貢士們考上進士後，朝廷會在曲江杏園設宴宴請他們。最初，眾人會在宴會上選出兩位最年輕的進士去花園裏採花分給大家。人們也把這次宴會叫「探花宴」，採花的人叫「探花使者」，「探花」一詞由此而來。

去赴探花宴。

老白，你去哪兒？

白居易

劉禹錫

春風得意馬蹄疾，一日看盡長安花。
——孟郊《登科後》

晴空一鶴排雲上，便引詩情到碧霄。
——劉禹錫《秋詞》

43

生活在大唐的外國人

來自各國的留學生

唐朝非常「開放」，有許多外國人。日本派遣遣唐使的次數較多，這些遣唐使致力於學習大唐的文化、禮儀。

一部分學生在遣唐使回國後將留在大唐學習，他們被稱為「留學生」。「留學生」一詞由此誕生。

> 哇，是大唐！

> 總算安全到達了！

> 歡迎來到大唐！

> 家鄉又來人了！

> 除了留學生，還有像空海這樣的「留學僧」。

日本留學生代表人物

阿倍仲麻呂
漢名晁衡，在大唐居住了五十餘年，通過了科舉考試，官居高位。

吉備真備
與阿倍仲麻呂一起來到唐朝，學成後回到日本，為日本帶去了很多唐朝書籍。

當然，新羅、高麗、尼泊爾、印度等國，也派遣了很多使者來到唐朝。

受歡迎的唐朝「名產」

白釉雙龍耳瓶

五弦琵琶

銅鏡

煮茶器

外國商人

「胡商」在唐朝就是「富翁」的代名詞。

唐朝開放經商，在邊界設置了「互市監」，為貿易提供了條件。較有名的是「茶馬互市」，在市場上人們可以一定數量的馬匹交換一定數量的茶葉。

只要交稅，外來商人在唐朝經營的業務基本不受限制，而且還能得到官府的保護。所以也有胡商在大唐安了家，他們保持着原有的民族特色，將其民族的飲食、服飾、樂舞等傳到了中土。

胡旋
一種快速、輕盈的舞蹈，源自中亞地區，在唐朝風靡一時。

世界大事記

2. 公元 646 年，日本開始了非常有名的「大化改新」。

1. 6 世紀是個戰亂不斷的世紀，位處西歐的拜占庭帝國國力強盛，開疆拓土，空前繁榮。統治者查士丁尼一世，開創了拜占庭帝國的盛世輝煌。

7. 8 世紀末期，應用中國造紙術的作坊出現在大馬士革，中東地區興起了「大馬士革紙」。

6. 公元 793 年，西歐「維京時代」開始——維京人從 8 世紀開始侵擾歐洲大陸沿海和英國島嶼。這個時期又被稱為「大海盜時代」。

8. 公元 800 年，查理大帝在聖誕節加冕稱帝，輝煌的查理曼帝國時代開始了。

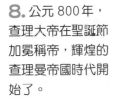

3. 公元 732 年，發生在高盧的法蘭克王國與阿拉伯帝國之間的普瓦提埃戰役是一場決定整個西方文明命運的決戰！

4. 公元 750 年，阿拉伯進入阿拔斯王朝時期。其掀起了「百年翻譯運動」，將阿拉伯文化推向鼎盛。

5. 公元 756 年，法蘭克王國的宮相丕平創建加洛林王朝，為了酬謝教會的相助，丕平贈送給教皇土地，史稱「丕平獻土」。

9. 9 世紀初期，埃格伯特戰勝諾森伯里亞王國，基本上統一了英格蘭，這是英國歷史上第一個統一的王國。

10. 公元 843 年，《凡爾登條約》把法蘭克王國分為三部分，也是後來的法蘭西（法國）、德意志（德國）和意大利的雛形。

隋・唐 大事年表

公元 589 年，隋朝統一天下。

公元 618 年，李淵稱帝，建都長安，國號唐。

公元 626 年，玄武門之變，李世民即位，是為唐太宗。

公元 641 年，文成公主入吐蕃，與松贊干布和親。

公元 690 年，武則天稱帝。

公元 754 年，鑒真東渡成功，抵達日本。

公元 755 年，安史之亂爆發。

公元 875 年，黃巢率眾響應王仙芝起義。

公元 907 年，朱溫稱帝，唐滅亡。

注：本書歷代紀元以《現代漢語詞典》(第 7 版)為參考依據。